特定非営利活動法人　共同保存図書館・多摩
第4回総会（2011・5・29）より

図書館の電子化と無料原則

津野　海太郎

目　次

はじめに

話をはじめさせていただきます。

先ほどの総会で、今年度から多摩デポの顧問に就任することになりました。

多摩デポ設立当初からこれまで理事をお引き受けしていたものの、ほとんど何もできなかったものですから、そろそろ辞めさせていただこうというふうに思っておりました。ところが、総会の前に「顧問に」というお話をいただきまして、もしまだ何かお役に立てることがあればと、お引き受けすることにいたしました。したがって、これからもいろいろお目にかかる機会が多いと思います。よろしくおつきあいください。

1　保存と利用という二つの軸

では本題に入ります。

多摩デポは本や資料の「保存」に関わる運動ですが、もともと図書館には「保存」と「利用」という二つの軸があるわけですね。でも、一九六〇年代後半にはじまる市民図書館運動の流れの中では特に「利用」の面が強調され、「保存」の面はさほど重視されていなかったという印象があります。

なぜ「保存」が軽視されがちだったのか。もちろん、戦前の図書館があまりにも「保存」を重視しすぎていたからです。一般大衆にへたにいじらせると、本を汚すとか破損してしまうとか、その他さまざまな理由で「保存」を第一とし、自由な「利用」を二の次にしてきた長い歴史がありました。そうした過去への反発や反省がまずあって、戦後の図書館では逆に「利用」の面に強い光があてられることになりました。そういう流れがたしかに存在していたんです。

公立図書館は「利用」中心でいく。それは、もちろん正しいんですよ。ただ、その正しさの上に安心してあぐらをかいているうちに、ストックよりもフロー、地味な蓄積より派手な消費を重視する八〇年代以降の社会全体の変化（消費社会化）もあって、公立図書館がもつ「保存」の役割を必要以上に軽視する傾向がだらだらと定着してしまいました。

それが変わったのは世紀の変わり目くらいからですかね。おもに経済的な理由で、図書館の経営主体である自治体行政が、資料の収集や保存を積極的に支えてゆく気持ちを失ってゆく。まず資料購入費の削減。そこからはじめて図書館機構の合理化をどんどん推しすすめる傾向がしだいに目立ちはじめました。それに対抗して「多摩デポ」に代表される心ある図書館関係者や利用者のあいだに、図書館がもつ保存原則をもういちど新しい目で見なおしたほうがいいんじゃないか、という動きが生まれてきたのです。

東京都立図書館による本の放棄や廃棄というのは、もちろんそれ自体としてもたいへんいやな事態だったわけですが、それ以上に、その間に並行して起こった資料の収集や保存に対する意欲の全般的な喪失傾向、そのことのシンボルが都立図書館の廃棄事件だったのではないか。どうも私はそんな気がしてならないんです。

東京都立図書館による本の放棄や廃棄

二〇〇三年、東京都立図書館はその〝図書館改革〟のため、「一点一冊収集」の方針の下、都立多摩図書館（一九八七年開設　立川市）所蔵図書を中心に複本一四万冊の除籍・廃棄を打ち出した。都内市町村地域への協力貸出を支えてきた複本の突然の廃棄への衝撃は大きく、多摩図書館の蔵書構成に協力してきた市町村立図書館とその利用者は、方針の見直し・撤回を求める運動を行った。

2　図書館の利用と無料原則

（1）図書館利用の核心は無料原則にあり

今日は「保存」問題についてお話しするつもりはありません。逆に、公共図書館の「保存」ではなく「利用」面にかかわる問題についてあらためて考えなおす―そのきっかけになるようなお話ができればと思っています。

図書館を利用面から考えるさいの一番基本的なことは何か？

ご意見はいろいろあるでしょうが、私は「無料原則」だと思うんですね。売り買いがすべての社会にあって、子どもはもちろん、若者からお年よりにいたるまで、誰もがタダで図書館を利用できる。そういう奇跡的なというか、ふしぎといえばふしぎな空間を保持しつづける。それが図書館利用の核心にある思想だといっていいのではないかと思うのです。

ごぞんじのとおり、戦後まもない一九五〇（昭和二五）年に、アメリカ軍の占領下で図書館法が発布されます。そこに「公共図書館は入館料や本を利用した際の対価といったものを求めてはならない」という一条が入りました。第一七条ですね。以来、図書館は無料であるという考え方が日本でも徐々に根づきはじめ、それが現代にいたっています。

「日本でも」というのは、日本の場合、アメリカとちがって敗戦時まで図書館は入館料を徴収するのが普通だったからです。国立国会図書館の前身の帝国図書館、俗にいう「上野の図書館」、いまは国際子ども図書館になっていますけれども、あそこも、いまの額にして百円とか二百円ぐらいの金を入館時に支払う決まりになっていたそうです。二百円払って入館すると五冊借りられる。それ以上借りたければ、さらに百円か二百円を支払うというしくみになっていたという話を、以前、最後の図書館員だったご老人から聞いたことがあります。樋口一葉も宮澤賢治も宮本百合子も、みんなそうやって上野の図書館を利用していたんですね。もちろん貸出はだめ。借りた本は図書館のリーディングルームの決められた机で読まなくちゃならなかったということです。

そんな状態でいたところに、アメリカの公共図書館のしくみにならって、とつぜん図書館の無料原則がそのまま採用されることになったのです。

(2) 有料の国もあれば無料の国もある

ただし、図書館利用が有料なのは、なにも戦前の日本にかぎらないんです。その点では保存原則とはちがいます。保存原則、つまり、いったん収集した資料は可能なかぎり保存しつづけなければならないという決まりは、古代アレクサンドリア図書館以前、それこそメソポタミアの粘土板図書館や古代ローマ帝国の図書館にはじまる長い歴史をもっています。したがって歴史的にもしっかり定着している理念なわけですね。

それに対して図書館の無料原則、社会の成員のすべてが自由にタダで本が利用できるという決まりのほうは、全世界的に、それほどしっかり定着しているわけじゃない。そのことをまず認識しておく必要があると思います。

もちろんさまざまな試みがあったようです。厳密にいうと、無料原則というのは十九世紀から二十世紀にかけて、イギリスやアメリカなど、アングロサクソンの英語圏の国々でさかんになった公共図書館運動の大きな主張のひとつとして生まれてきたもので、同じ欧米圏でも、イタリアやスペインやフランスなどのラテン系のカトリックの国々では、かならずしも定着した考えにはなっていなかったのです。

たとえばイタリアの母体は都市国家連合ですからね。ミラノとかボローニャとかナポリとかヴェネチアとか、都市を中心にさまざまな地方に分かれて、それぞれ独自の自治の歴史をもっています。だから、そうそう簡単には国家全体として統一できない。それぞれの自治体の判断によって入館料をとってもいいし、とらなくてもいい。一冊いくらというやりかたで対価を徴収することもできる。すべてはそれぞれの自治体の判断にまかせるという形になっています。

韓国や中国もそうですね。韓国の図書館法を読むと、やはり各地方、各自治体によって、入館料や利用料をとるかとらないか、とる場合はどんなしかたで徴収するか（一回ごとに精算するか、それとも月や年会費にするか）といったことを決めていいことになっていますし、実際にもそうやっているようです。それぞれの自治体が勝手にきめるという点では、──すくなくとも形態にかんするかぎり──戦前の日本と同じといっても過言ではありません。

（3）押しつけられた原則をえらびなおす

図書館の無料原則は、保存原則とちがって、近代化された社会ならどこでもしっかり貫かれているという類のものではありません。その意味では、かなりあやふやなところのある原則なのは事実だと思いますね。

日本にしても偶然といえば偶然に無料原則を採用したわけで、なにも日本の図書館人や利用者が自分から求めて積極的に決めたものではありません。あくまでもアメリカ占領下で、アメリカ合衆国の主導のもとに、アメリカ製のモデルを一生懸命に勉強し、理解して、それを日本中に広めていったという形でできたものです。その点では戦後憲法と同じ流れをくんでいます。

ただし、戦後日本の図書館史には、もうひとつ、そうした外から押しつけられた原則を自分たちの原則としてえらびなおすという過程がありました。それが一九六〇年代から七〇年代にかけての市民図書館運動です。くわしい説明は不要でしょうから省略しますが、まだ貧乏だった日本で開始されたこの運動によって、押しつけられた無料原則に生きた血がかよいはじめた。いわば借り物の原則が日本の土地にようやく根づいたわけです。その点でも戦後憲法と同じ。これは半分冗談でいうんですが、もしかしたら戦後図書館法の第一七条、無料原則は戦後憲法の第九条にあたるといっていいのかもしれないですね。

ただ、そういう成り立ちのものですから、どこかまだひよわなところがある。そうはいっても、これはやむをえない面もあるんですよ。だって、なにしろ無料原則自体がまだあやふやで不安定な理念なんですから。その証拠に、日本にかぎらず、どこの国でも、本家本元のアメリカ合衆国においてさえ、ことあるごとに「なぜ図書館は無料である必要があるのか？」といった議論が巻き起こるというような状態がつづいています。

（4）「売り買いの社会」におけるタダとは？

では、なぜいまだに無料原則はそんなにも不安定なのか？

もっとも大きな理由は、さっきもいったように、私たちの生きている社会が「売り買いの社会」だからです。商品を売ったり買ったりする経済が基本になって構成されている世界。電気も水も食料品も衣服も、すべてのものやサービスが商品としてしか提供されない。そういう社会だからです。それはもう体制のいかんにかかわらずそうなっています。

本も、もちろん商品です。商品ですからね、とうぜん定価がついている。まずは定価のついた商品として生産され、「もの」として流通しています。それが第一義的なありかたなわけです。著者であろうと編集者であろうと、だれもが自分たちが苦労して作った本をこつこつと一点一点売っていく。本屋も印刷業者も取次業者もそう。そうやって手に入れた利益で自分と自分の家族が生計をたてていく、そういうしくみのなかで作られています。

したがって、その「売り買いの社会」のなかで、どこかが、つまり図書館だけが商品であるところの本をタダで利用させてしまうということになれば、そのことに対する抵抗はかならずあるでしょうね。それは売り買いの社会で生きる者のごく自然な反応だと思います。

たとえばつい最近、樋口毅宏という作家が新潮社から『雑司ケ谷R.I.P』という本（奥付直前のページに「公立図書館のみなさまへ　この本は、著作者の希望により、二〇一一年八月二五日まで、貸し出しを猶予していただくようお願い申し上げます」との記載がある）をだしました。そのさいに樋口氏は記者会見かなにかをして、日本の公共図書館に対して「半年間、本を受け入れてもいいけれども貸し出しをするな」という要求をだしたわけです。他の図書館は無視したのか、あるいは個別に文面で断ったのかどうかはわかりませんが、なかで高崎市立図書館だけがその要請を受け入れました。「その本はうちの図書館でも買いますが、半年間は貸し出しをしません」という条件を。

そのことを新聞で読んで、ちょっと変な気がしました。申し入れをする作家にも、それを受け入れた図書館にも、それぞれ微妙に変なところがあるでしょう。変なんですけどね、しかし、もし自分が図書館の立場で「変じゃないですか？」と質問をされたとしたらと考えると、正直いって、どう答えていいかわからないようなところがちらっとありますよ。私なんかにはね。

（5）形式的な答弁ではなく

以前、日本文藝家協会も日本の公共図書館に対して、樋口氏とおなじような要求をだしたことがあります。それに対する図書館側の答えは15頁にあるものでした。

まあわかりますけれども、私は、まだこれでは答えになっていないという気がします。もっと深いところに大きな問題があるだろうという気がするわけですね。

日本文藝家協会

文芸を職とする人々が、その職能を擁護確立するために職能団体として設立。文化庁所管の公益社団法人。文芸家とその著作権継承者とで構成し、文芸家の地位向上、言論の自由の擁護、文芸家の収入・生活の安定などを目指した活動が中心。

著作権問題では、「著作権問題を考える創作者団体協議会」で中心的な役割を果たす。

樋口氏にも日本文藝家協会に対しても、すくなくとも私は「法律で決まっていますから、私はあなたの要求を受け入れられません」と答えるわけにはいきません。もし自分でそういうふうにいったとしたら、なにか嘘をついてるみたいな気がしてしまうんじゃないかな。

私は編集者をしていた時間が長かったし、自分でも本をだしてますから、作家とか出版人とか、それで生計を立てている人間の気持ちはまあまあ理解できます。いまの物書きは弱肉強食の自由主義経済システムのなかでとことん追い詰められていますからね。せっかくの飯の糧（本）をタダで貸してしまう図書館にも思わず文句をつけたくなる。それに対して「法律で決まっているから」という答えが図書館から戻ってきたとする。きっと「なんだい、そんなのただの役人の形式的な答弁じゃないか」という感じで腹を立てるに決まっています。

日本の図書館界には、そういう文句なり質問なりに直面したとき、法律であれ、あるいは人びとの教養を高めるためにというような使命感みたいなものであれ、決まり文句というか、形式的な答弁をするということでしかものを考えてこなかった面がたしかにあると思うのです。その結果、自分たちなりに突っ込んで考えてみることを怠りがちだったんじゃない

図書館における貸与問題についての見解

2004年３月５日
社団法人日本図書館協会

図書館は資料提供を通じて人びとの知る権利を保障する機関として、広くその公益性が認められてきました。そのため、法制上も図書館業務のさまざまな面で著作権者の権利行使が一定程度制限されています。この制限については、図書館が作家をはじめとする創造的な活動をする方々を支援していることや、市民の生活や仕事を支えることにより地域の活性化を促し、ひいては社会の発展に寄与する機関であることから、権利者の方々からも深いご理解をいただいているところです。一方公益的な要請による営為であっても、それが権利者の権利の侵害や経済的な損失のもとに行われるべきではないことについては、権利者の方々の主張を待つまでもないことであります。

近年図書館の活動が権利者の権利を侵し、経済的な損失を生んでいるとの指摘があることから、図書館界では、様々な議論が行われてまいりました。当協会は、文化審議会著作権分科会、同法制問題小委員会に委員を派遣するとともに、さまざまな場において権利者等との協議を積極的に重ねてまいりました。また、図書館界における問題点の理解と意見集約を図るため、研修会を各地で開催するとともに、法的な調査研究と課題対応の機関として当協会の著作権委員会のもとに「貸与問題特別検討チーム」を設置いたしました。今後も同チームを中心に館界への情報提供及び意見集約に努め、当協会に課せられた社会的責任を果たしてまいります。

また、この間当協会は、社団法人日本書籍出版協会と合同で公共図書館におけるベストセラー等の所蔵・貸出の実態調査を行ない、客観的なデータを得られたことは大変意義深いことと考えます。調査の結果については、概ね図書館界の認識に近いものであったと思っておりますが、経済的な損失の有無については、さらなる調査研究の必要があると考えます。これには図書館がもつ読者層を広げる機能や読者の購買意欲を高める働きなど、売上げに貢献する面の分析も不可欠であると考えます。

一方、経済的損失の有無については、すでに公共貸与権という考え方を導入している諸外国の状況を精査し、比較して判断するのが妥当な考え方であると思われます。しかしながら、こうした観点から公共貸与権制度を導入している諸外国の図書館の状況を見てみたとき、日本の公共図書館の水準の著しい貧しさを考えずにはいられません。また、近年の自治体財政危機の影響からする資料費や職員の削減は深刻な打撃を公共図書館に与えています。これに加えて、一部の自治体で行われているサービス拠点の縮小、自治体合併による未設置自治体の見かけの減少による図書館設置の抑制など、図書館は現在、冬の時代を迎えたと言っても過言ではありません。

このような危機的な状況は、ひとり図書館だけではなく、出口の見えない「出版不況」に耐えている著作者、出版社、書店においても等しく存在します。さまざまな逆風下にあっても、活字文化は社会の知的発展や安定に欠かせないものであり、衰退に向かわせるようなことがあってはならないものです。この点で、権利者の方々や我々図書館界に課せられた任務は軽いものではありません。

図書館の課題の第一は、図書館の数を増やし、資料と専門職を確保し、利用者にとって欧米並みの水準を達成することにあります。この点については、権利者の方々とも意見の一致をみているところであります。第二には、作家の方々の活動ばかりでなく、創造的な活動全般に対する文化政策の立ち後れに対して、図書館界は、権利者と連帯し、国民とともに積極的な政策の提言と世論形成に取組むべきものと考えます。第三に、従来の図書館サービスをさらに拡大するとともに国民のニーズに合った新しいサービスを積極的に展開し、権利の制限もやむをえないと権利者も認める公益性の高い図書館を実現することが求められます。

文化を担うという役割において、権利者と図書館は本来対立すべき存在ではないと考えます。文化を享受し、また創造するという観点から、この問題は、国民一人一人の問題でもあります。これからも、日本図書館協会は、権利者の方々との協議を続けるとともに、広く国民がこの論議に参加できる機会を提供し続ける所存です。

でしょうか。

図書館はなぜ無料なのか？

「売り買いの社会」にあって、なぜ図書館だけが公然と、商品としての本をタダで貸すことができるのか？

ふしぎでしょう。私はふしぎだと思うんですよ。なのに、私は不勉強でよく知らないのですけれども、この問いに対するしっかりした答え、無料原則という理念を底から支えるリアリティのある理屈のようなものに、まだ出会ったおぼえがないんですよ。ありますか？　もしあったら後でぜひ教えてください。

(6) なぜ図書館がタダでなくてはいけないのか

しかたないので、自分の問題としてそのことを考えてみます。

私は図書館員ではなく一人の図書館利用者にすぎません。したがって、その立場からみて、「もし図書館が有料になってしまったらどうなるだろう」という形で考えてみるのが、いちばん自然なわけです。

そこで突然自分の話になりますけれども、私は七十歳を超えてから編集業からは手を引き、大学も退職して、いまは年金生活者兼あまり売れないフリーライターとして生計をたてています。もちろん収入は激減しました。それだけでなく、人間というのは七十歳を超えると、やはり自分の死に方について考えるようになるんですね。これまで私は編集者として、あるいは大学の教師や図書館長として、親しい作家や評論家や大学教師たちが亡くなる現場に、なんどとなく立ち会ってきました。インテリが死んでなにがいちばん困るか。それは故人が残した蔵書をどう処分するかという問題です。遺族はそれにものすごく悩まされるんですよ。実務的にどう処分するかということだけでなく、本の場合、かなりつよい精神的な負担がつきまとうんですね。愛する人間が生涯にわたって愛蔵してきた本を、死んだからといって、すぐに売ってしまうなど、パッパと処分してしまっていいものだろうか。深浅の差こそあれ、多くの場合、遺族はその種の精神的な傷を負わざるを得ません。

となると、私も年老いたインテリの一員ですからね。いつ死ぬかわかったものじゃない。そこで死ぬまえに本を計画的に減らしておくことにしました。減らすといっても急にはむりです。三年計画くらいで何回かに分けてやって、死ぬころにはなんとか本棚ひとつくらいのところまでもっていきたい。そう考えてダイエットにとりかかり、いまは目標の三分の一くらいすすんだところですかね。

本のダイエットには、所持している本の量を減らすだけでなく、もうひとつ、それをいま以上に増やさないようにする必要があります。となると逆比例して図書館利用の度合いが増えます。もともと図書館はけっこう派手に利用していたほうなんですが、それがさらに派手になってきました。私は浦和在住で、家の近くにさいたま市中央図書館と埼玉県立浦和図書館があり、その二館をベースにさせてもらっています。基本的にはＯＰＡＣの横断検索で予約しておいてから行く。それで十冊とか二十冊とか平気で借りてしまいます。両方を合わせると優に小ぶりな大学図書館か、それを超えるぐらいの蔵書量があることがわかってきたので、よほどのことがないかぎり、ほとんどの資料はそれでまかなえます。

そんなわけで、もし図書館がとつぜん有料になり、自分の読みたい本や必要とする本のすべてを自分で買わなければならないことになったとしたら、ダイエット計画はもとより、趣味や教養の読書であれ、仕事のための調査や研究であれ、私のささやかな知的営みのすべては一気に崩れてしまうでしょうね。それはもう確実だと思います。しかも、私だけのことではない。老いも若きも、すべての図書館利用者がいやおうなしに同じ状態に追い込まれてしまうのです。

その結果、いくらか大げさにいうと、私たちが暮らす社会の質は確実に低下していくでしょうね。それにつれて人間にとって大切なものを我慢づよく保持していく力とか、新しい冒険的なことをやってのけるエネルギーの素が弱体化していく。するとどうなるか・・・。本の売れ行きが落ちるんです。そうした力やエネルギーを失った人びとが自分で金をだして本を買うとは思えませんから、本の売れ行きはかならず落ちる。産業としての出版の基盤が徐々に掘り崩されてしまうことになります。

そうさせないためにはどうすればいいのか。

逆にいうと、その問いから生まれてきたのが公共図書館という考え方なんですよ。図書館で誰もが本をタダで自由に利用できるようになれば、全体として社会の質が上がり、それにつれて産業としての出版の経済的基盤も次第に堅固なものになっていくだろう。十九世紀から二十世紀にかけて、おもにイギリスとアメリカでそういうことを考える人たちが次々にあらわれて、そこから近代の公共図書館運動がはじまった。

だからこそ作家や出版社や流通の側も、図書館にかぎって、自分たちがだした本を有料の「商品」ではなく無料の「公共資産」として扱うことを認める、例外的に認めざるを得なくなった。でないと商品としての本の生産と消費がうまくまわらなくなる。そういうことなんじゃないかな。もちろんこれは私の推測ですよ。でも決してデタラメな推測ではない。かなり確実性の高い推測なんじゃないかと考えています。

（7）商品と公共資産としての二つの顔

お話ししてきたように、本というものには、もともと「商品」としての顔と、誰もがタダで利用できる「公共資産（パブリックドメイン）」の顔と、その二つの顔が最初からそなわっています。私も編集者として本をつくるときは、生活がかかっていますから、あくまでも商品としてつくります。しかし、その底のところには、多かれ少なかれ、「この本は社会に必要なものなのだ、オレがだすべき本なのだ」という意識が埋まっているんですね。

本の商品としての顔を支えているのが著作権や出版権。しかし、今のところ著者の死後五十年たてば著作権は消滅します。そして、それにかわって公共資産としての本の顔、パブリックドメインとしての顔が、いっきょに表面に浮かび上がってくる。ただし著作権が消滅する以前に、図書館にかぎって、商品として生まれた本をその瞬間に非商品化してしまう特権が法的に認められている。そのことで、本には商品としての顔と同時に、公共資産としての顔もしっかりついているんだぞ、ということをおおやけに示すわけです。

たとえば「法定納本制度」というものがあります。日本の場合でいえば、出版社は刊行した本をかならず一部、国立国会図書館に納本する法的義務を負っている。それと引き替えに、図書館の側は納本された本を可能な限り長く保存しつづけ、要求があれば誰にでも自由に利用させせなければならないという義務を負わされる。本が持つ商品と公共資産という二面性のバランスをとるべく、出版産業と図書館とのあいだで、そういう契約がきちんと結ばれている。そういうしかたで、二十世紀という本の文化の最大の繁栄期（私は「本の黄金時代」と呼んでいます）を、出版産業と公共図書館とが裏と表から力を合わせて支えてきたわけですね。

3　有料化の声

ただ、さきほどもいいましたように、いまの世の中では、その図書館の保存原則（可能な限り長く本を保存しつづける）自体の運命も、だんだん危なくなってきています。図書館にも一般企業にならって市場競争主義的な経済原理を導入しようという動きがつよくなり、東京都立図書館だけでなく、市立や区立、地域の図書館でも、予算削減や在庫廃棄や業務の外注化といった一方的な事業仕分けのプロセスがどんどん進行していますね。

その行きつく先は、やはり有料化でしょうね。実際、この十数年来、図書館の内外で有料化をもとめる声が、すでにいろいろなしかたでできている。となると、もともと不安定なところのある原則ですから、ひょっとしたらひょっとして、日本の図書館もふたたび有料化してしまうかもしれない。もしそうなったら、私みたいな年金生活者のインテリはどう生きていけばいいのか。というようなことを、かなりの切迫感をもって考えざるをえないわけです。

「売り買いの社会」のまっただなかに、そこだけが別の原理で動いている空間がきちんと存在している。公園をふくめて、いくつかのそういう空間があり、その一つとして図書館が生きつづけている。それが救いなんですよ。そういう空間がないと人間は気持よく生きることができない。ゆとりある社会を実現するためには、むりにでもゆとりの演技をしつづけなければならない。実利実益だけでなく、社会の精神状態を安定して保つために、そういう施設がなくなっては困るんです。

4　図書館の電子化

（1）電子図書館も無料でなくてはならない

そこになぜか図書館電子化の問題がからんでくるのです。電子化をきっかけに図書館有料化を実現しようという意見があるからです。

時間がないので、ここでは概略だけをのべますが、電子本や電子図書館ということになると、やはり気持がちょっと揺れるんですよね。電子化は可視的でないという点では放射能と同じですから、いったん無料貸し出しを認めれば、どこまでコピーが広まってしまうかわかりません。そういった神経にこたえるような要素がかならずつきまといます。そうなると作家の生活も出版の産業構造もすべて潰れてしまうんじゃないかと、関係者一同、どんどん被害妄想的になっていきます。

そして、そこから有料化の声がでてきます。有料化によってデジタル・コピーのアナーキーな拡散に歯止めをかけ、あわせて電子化のための資金を確保しようという主張ですね。しかし私は、たとえ本が片っ端から電子化されていこうと、図書館の無料原則は日和ることなく貫くべきだ、と考えているんです。

図書館は娯楽の場、楽しみの場であるのと同時に、地域の住民が自発的に自分を教育する場、そのための道具を提供する場でもあります。教育といっても学校教育とはちがいます。学校は国家による強制としての教育をおこなう場所ですが、図書館というのはあくまでも自分を自発的に教育する場なんですから。

そうやって自発的に考えたり動いたりする市民、自分で自分を教育する力を持った市民が増えないかぎり、もはや地域の生活は成り立たないしくみになっている。パブリックドメインというのもそういうことですね。自発的な教育のための道具は無料。その原則は電子本でも怖めず臆せず貫いた方がいいと思います。

(2) 世界大の図書館を開放する

実際、世界的にみると、グーグルやアマゾンやアップルによる電子本ライブラリーの構築(すべてのデータを独占して利用権を売る)に対して、いくら電子化がすすもうとも図書館は無料が原則である、という方針でつづけられている運動はいくらもあります。デジタル化したデータで巨大な図書館をつくって、それを世界中の人々に無料で公開するという動き。たとえばロバート・ダーントンというアメリカの有名な書物史家(ハーバード大学図書館の館長でもある）がいますが、かれもタフにその運動をやっています。また、フランスのやはり書物史家のロジェ・シャルチエ（国立国会図書館で行った講演の概要が「国立国会図書館月報　601号」に掲載されています）も動きの中心に立っています。数からいえばそっちのほうがはるかに多いんじゃないでしょうか。

グーグルがやっているのは、要するに人類が蓄積してきたすべての書物――一億点くらいあるといわれていますけれども――そのすべてを根こそぎデジタル化してしまおうというプロジェクトです。しかし、そんなことが本当に商売になるのだろうか。「ならない、なるわけがない」というのがダーントンたちの考えです。そしてグーグルも、いずれはそのことに気づいて無料インターネット・アーカイブの動きに参加してくるにちがいない。そのことで自社の文化的な評判を高めていくほうが、ビジネス的観点からみても、いい結果をもたらすはずだという判断がなされるだろうというわけですね。

5　無料原則を新しいものとして鍛えなおす

ともかくそういうふうに世の中は進んでいるのです。

そこで日本です。私は日本図書館協会もふくめて、日本の図書館はなぜ無料なのかということを、図書館の側があらためて確認しなおしておく必要があると思います。その上で、「とうぜん電子本も無料で提供する」と、はっきり言明する。もちろんさまざまな問題があるでしょう。その困難を政治的、経済的、技術的に乗り越えて、なんとかして無料原則を貫く知恵をだしていってもらいたいものです。

いま国立国会図書館は蔵書のデジタル化と、それを公共図書館に積極的に流してゆくという計画をおおやけにしていますけれども、本来なら、それも世界大の電子図書館ネットワーク計画にどう参加し、そこでどんな独自の貢献ができるかということと組み合わさらないと、なんだか気の抜けた計画になってしまいかねません。

国立国会図書館がデジタル化した本を公共図書館に流してゆくという計画

国立国会図書館では、「資料の貸出を受けることのできる図書館等」として承認した図書館に対し、図書館間貸出の特例として、デジタル画像全冊を紙に出力し、郵送する事業を開始している。この事業の対象となる資料は、国立国会図書館がデジタル化を行った資料のうち、館内に限りデジタル画像を利用できる資料（館内限定公開）で、申し込み館等で当該原資料を容易に入手できないことを確認したもの。

そのためにも、やはり図書館はなぜ無料でなければならないのかという理屈を、もういちど固めなおしておく必要があるでしょうね。電子化というのは、図書館がまるごとインターネット世界に加わることを意味します。そうなるとインターネットは基本的に無料ですから、そこで図書館が生きのびていくには、なぜ図書館は独自のしかたで無料でありつづけたのかという歴史と原理的な考察を深めておくことがどうしても必要になるのです。

このところ公共図書館の世界にも商業利用的な手法にすり寄った電子化計画が見え隠れしています。

けれども、そこで日和ってしまうと、あとでかならず後悔するという気がしますね。そうじゃなくて、新しい環境にあっても図書館はなぜ無料なのかということをきちんと考え、それを新しいものとして再発見し、鍛えなおすことが必要なのではないでしょうか。

なんだか抽象的な話になってしまって申し訳ないのですが、そんなことをいま漠然と考えているわけです。

多摩デポの「保存」活動と一対をなす「利用」の原理として、この問題を考えるきっかけにしていただければさいわいです。

多摩デポブックレットのご案内

No.1～4, 6　定価　各630円
No.5　定価　735円
（税込み）

No.1 公共図書館と協力保存
－利用を継続して保証するために－
安江明夫著　2009.5刊

No.2 地域資料の収集と保存
－たましん地域文化財団歴史資料室の場合－
保坂一房著　2009.9刊

No.3 「地図・場所・記憶」
－地域資料としての地図をめぐって－
芳賀　啓著　2010.5刊

No.4 現在《いま》を生きる地域資料
－利用する側・提供する側－
平山恵三　蛭田廣一著　2010.11刊

No.5 図書館のこと、保存のこと
竹内　悊　梅澤幸平著　2011.5刊

No.6 図書館の電子化と無料原則
津野海太郎著　2011.10刊

参考資料

1　図書館法

2　国立国会図書館の保存方針

3　国立国会図書館の資料デジタル化計画

4　東京都立図書館　資料保存ガイドライン

5　文献紹介　「図書館の無料利用についての議論」

6　転載「図書館雑誌」(2011.6)

1　図書館法

（昭和二十五年四月三十日法律第百十八号）
最終改正：平成二〇年六月一一日法律第五九号

第一章　総則

（この法律の目的）

第一条　この法律は、社会教育法（昭和二十四年法律第二百七号）の精神に基き、図書館の設置及び運営に関して必要な事項を定め、その健全な発達を図り、もつて国民の教育と文化の発展に寄与することを目的とする。

（定義）

第二条　この法律において「図書館」とは、図書、記録その他必要な資料を収集し、整理し、保存して、一般公衆の利用に供し、その教養、調査研究、レクリエーション等に資することを目的とする施設で、地方公共団体、日本赤十字社又は一般社団法人若しくは一般財団法人が設置するもの（学校に附属する図書館又は図書室を除く。）をいう。

2　前項の図書館のうち、地方公共団体の設置する図書館を公立図書館といい、日本赤十字社又は一般社団法人若しくは一般財団法人の設置する図書館を私立図書館という。

（図書館奉仕）

第三条　図書館は、図書館奉仕のため、土地の事情及び一般公衆の希望に沿い、更に学校教育を援助し、及び家庭教育の向上に資することとなるように留意し、おおむね次に掲げる事項の実施に努めなければならない。

一　郷土資料、地方行政資料、美術品、レコード及びフィルムの収集

にも 十分留意して、図書、記録、視聴覚教育の資料その他必要な資料（電磁的記録（電子的方式、磁気的方式その他人の知覚によつては認識することができない方式で作られた記録をいう。）を含む。以下「図書館資料」という。）を収集し、一般公衆の利用に供すること。
二　図書館資料の分類排列を適切にし、及びその目録を整備すること。
三　図書館の職員が図書館資料について十分な知識を持ち、その利用のための相談に応ずるようにすること。
四　他の図書館、国立国会図書館、地方公共団体の議会に附置する図書室及び学校に附属する図書館又は図書室と緊密に連絡し、協力し、図書館資料の相互貸借を行うこと。
五　分館、閲覧所、配本所等を設置し、及び自動車文庫、貸出文庫の巡回を行うこと。
六　読書会、研究会、鑑賞会、映写会、資料展示会等を主催し、及びこれらの開催を奨励すること。
七　時事に関する情報及び参考資料を紹介し、及び提供すること。
八　社会教育における学習の機会を利用して行った学習の成果を活用して行う教育活動その他の活動の機会を提供し、及びその提供を奨励すること。
九　学校、博物館、公民館、研究所等と緊密に連絡し、協力すること。
（司書及び司書補）
第四条　図書館に置かれる専門的職員を司書及び司書補と称する。
２　司書は、図書館の専門的事務に従事する。
３　司書補は、司書の職務を助ける。
（司書及び司書補の資格）
第五条　次の各号のいずれかに該当する者は、司書となる資格を有する。
一　大学を卒業した者で大学において文部科学省令で定める図書館に関する科目を履修したもの
二　大学又は高等専門学校を卒業した者で次条の規定による司書の講習を修了したもの
三　次に掲げる職にあつた期間が通算して三年以上になる者で次条の規定による司書の講習を修了したもの
イ　司書補の職
ロ　国立国会図書館又は大学若しくは高等専門学校の附属図書館における職で司書補の職に相当するもの

ハ　ロに掲げるもののほか、官公署、学校又は社会教育施設における職で社会教育主事、学芸員その他の司書補の職と同等以上の職として文部科学大臣が指定するもの

２　次の各号のいずれかに該当する者は、司書補となる資格を有する。

一　司書の資格を有する者

二　学校教育法（昭和二十二年法律第二十六号）第九十条第一項 の規定により大学に入学することのできる者で次条の規定による司書補の講習を修了したもの

（司書及び司書補の講習）

第六条　司書及び司書補の講習は、大学が、文部科学大臣の委嘱を受けて行う。

２　司書及び司書補の講習に関し、履修すべき科目、単位その他必要な事項は、文部科学省令で定める。ただし、その履修すべき単位数は、十五単位を下ることができない。

（司書及び司書補の研修）

第七条　文部科学大臣及び都道府県の教育委員会は、司書及び司書補に対し、その資質の向上のために必要な研修を行うよう努めるものとする。

（設置及び運営上望ましい基準）

第七条の二　文部科学大臣は、図書館の健全な発達を図るために、図書館の設置及び運営上望ましい基準を定め、これを公表するものとする。

（運営の状況に関する評価等）

第七条の三　図書館は、当該図書館の運営の状況について評価を行うとともに、その結果に基づき図書館の運営の改善を図るため必要な措置を講ずるよう努めなければならない。

（運営の状況に関する情報の提供）

第七条の四　図書館は、当該図書館の図書館奉仕に関する地域住民その他の関係者の理解を深めるとともに、これらの者との連携及び協力の推進に資するため、当該図書館の運営の状況に関する情報を積極的に提供するよう努めなければならない。

（協力の依頼）

第八条　都道府県の教育委員会は、当該都道府県内の図書館奉仕を促進するために、市（特別区を含む。以下同じ。）町村の教育委員会に対し、総合目録の作製、貸出文庫の巡回、図書館資料の相互貸借等に関して協力を求めることができる。

（公の出版物の収集）
第九条　政府は、都道府県の設置する図書館に対し、官報その他一般公衆に対する広報の用に供せられる独立行政法人国立印刷局の刊行物を二部提供するものとする。
2　国及び地方公共団体の機関は、公立図書館の求めに応じ、これに対して、それぞれの発行する刊行物その他の資料を無償で提供することができる。
第二章　公立図書館
（設置）
第十条　公立図書館の設置に関する事項は、当該図書館を設置する地方公共団体の条例で定めなければならない。
第十一条　削除
第十二条　削除
（職員）
第十三条　公立図書館に館長並びに当該図書館を設置する地方公共団体の教育委員会が必要と認める専門的職員、事務職員及び技術職員を置く。
2　館長は、館務を掌理し、所属職員を監督して、図書館奉仕の機能の達成に努めなければならない。
（図書館協議会）
第十四条　公立図書館に図書館協議会を置くことができる。
2　図書館協議会は、図書館の運営に関し館長の諮問に応ずるとともに、図書館の行う図書館奉仕につき、館長に対して意見を述べる機関とする。
第十五条　図書館協議会の委員は、学校教育及び社会教育の関係者、家庭教育の向上に資する活動を行う者並びに学識経験のある者の中から、教育委員会が任命する。
第十六条　図書館協議会の設置、その委員の定数、任期その他必要な事項については、当該図書館を設置する地方公共団体の条例で定めなければならない。
（入館料等）
第十七条　公立図書館は、入館料その他図書館資料の利用に対するいかなる対価をも徴収してはならない。
第十八条　削除
第十九条　削除

（図書館の補助）
第二十条　国は、図書館を設置する地方公共団体に対し、予算の範囲内において、図書館の施設、設備に要する経費その他必要な経費の一部を補助することができる。
2　前項の補助金の交付に関し必要な事項は、政令で定める。
第二十一条　削除
第二十二条　削除
第二十三条　国は、第二十条の規定による補助金の交付をした場合において、左の各号の一に該当するときは、当該年度におけるその後の補助金の交付をやめるとともに、既に交付した当該年度の補助金を返還させなければならない。
一　図書館がこの法律の規定に違反したとき。
二　地方公共団体が補助金の交付の条件に違反したとき。
三　地方公共団体が虚偽の方法で補助金の交付を受けたとき。
第三章　私立図書館
第二十四条　削除
（都道府県の教育委員会との関係）
第二十五条　都道府県の教育委員会は、私立図書館に対し、指導資料の作製及び調査研究のために必要な報告を求めることができる。
2　都道府県の教育委員会は、私立図書館に対し、その求めに応じて、私立図書館の設置及び運営に関して、専門的、技術的の指導又は助言を与えることができる。
（国及び地方公共団体との関係）
第二十六条　国及び地方公共団体は、私立図書館の事業に干渉を加え、又は図書館を設置する法人に対し、補助金を交付してはならない。
第二十七条　国及び地方公共団体は、私立図書館に対し、その求めに応じて、必要な物資の確保につき、援助を与えることができる。
（入館料等）
第二十八条　私立図書館は、入館料その他図書館資料の利用に対する対価を徴収することができる。
（図書館同種施設）
第二十九条　図書館と同種の施設は、何人もこれを設置することができる。
2　第二十五条第二項の規定は、前項の施設について準用する。

2　国立国会図書館の保存方針

（国立国会図書館ホームページより）

NDLにおける保存活動

国立国会図書館はわが国唯一の納本図書館として、国内で刊行されるすべての出版物を広く収集し、利用に供するとともに、日本国民共有の財産として蓄積し、後世に伝える使命を負っており、可能な限り原形を尊重し長期にわたって、資料を保存するよう努めています。

さらに「利用のための保存」の考え方に立ち、現在と未来における利用を保障する方策として、破損した原資料の修復、適切な保存環境の整備、メディア変換（マイクロ化及び電子化）の促進等について十分な検討を行い、その実施をはかっています。

また当館が策定した「保存協力プログラム」に基づき資料保存に関する内外の図書館等との連絡・協力を行っています。

資料保存体制

国立国会図書館収集書誌部には、資料保存業務を担当する部署として資料保存課が置かれています。主な業務は、所蔵資料の保存に関する計画の策定と実施の調整、収集資料の修復や製本、資料保存に関する調査および研究、研修、図書館及び図書館関係団体との連絡・協力等です。

資料を管理する部局課にも保管を担当する係等が置かれており、資料保存課と資料管理部局課が連携して、全館的な資料保存対策を検討し、実施しています。

また、国立国会図書館は1989年に国際図書館連盟（IFLA）の資料保存コア活動（PAC）アジア地域センターに指定されて以来、資料保存に関する国内外の図書館との連絡および協力の推進に努めてきました。IFLA／PACアジア地域センターの事務は資料保存課が担っています。

資料保存課の組織

保存企画係

資料の保存及び修復・製本計画の策定・実施、資料保存に関する調査・研究、研修、関係団体との連絡・協力およびIFLA／PACアジア地域センターの事務等

洋装本保存係

和装本保存係

3　国立国会図書館の資料デジタル化計画

媒体変換計画概要

基本方針

当館所蔵資料の媒体変換の方法についてはデジタル化を原則とする。

ただし、これまでのマイクロ化の経緯にかんがみて、一定の区切りまで実施するのが適当なもの、及び、外部機関との関係においてマイクロ化が必要とされるもの等については、引き続きマイクロ化を行う。

なお、原本の状態の悪化等により原本からの再デジタル化は困難と判断される資料については、再デジタル化を行う時に備えて、マイクロ化とデジタル化を併せて行うことも考えられるが、さらに検討を継続し、次期基本計画策定時までに方針を決定する。

デジタル化の基本要件

(1) デジタル化の方法

フィルムが存在しない原資料については、原資料から直接デジタル化する。フィルムがすでに存在する場合は、原資料保存の観点により、フィルムからのデジタル化を実施する。ただし、フィルムからのデジタル化実施に当たっては、提供用画像として必要な解像度でのデジタル化の可能性、費用、業務手順等を踏まえ、原資料からのデジタル化実施も視野に総合的に判断する。

デジタル化の詳細な仕様については、「国立国会図書館資料デジタル化の手引き」に準拠する。

(2) 保存・提供方法

コンテンツの格納、保存及び提供は、NDLデジタルアーカイブシステム（以下「DAシステム」という。）により統一的に取り扱うものとする。DAシステムにコンテンツを登録する際には、永続的識別子を付与する。既に提供しているシステム及びデータについては、「国立国会図書館業務・システム最適化計画」（PDF: 545KB）に基づき、DAシステムに統合するものとする。ただし、提供に当たって特殊な検索・閲覧機能、インターフェース等を必要とし、かつ、DAシステムにより難い場合は、個別のシステムにより提供する。

媒体変換候補資料

ア．保存及び電子図書館サービスの観点からデジタル化を行う資料

基本的にインターネットで提供することを前提とする。

1．帝国議会会議録（約6万2,000頁）

2．明治期、大正期及び昭和前期刊行図書（約26万1,000冊）

3．電子展示会

4．古典籍（約30万冊）

5．国内博士論文（約50万タイトル）

6．官報［明治16年～昭和22年分］（約75万頁）

イ．保存の観点からデジタル化を行う資料

当面インターネット提供は行わず、館内のみの提供とする。

1．国内刊行和雑誌（約14万タイトル）

2．昭和20年代刊行和図書（約10万タイトル）

ウ．保存の観点からマイクロ化を行う資料

これまでのマイクロ化の経緯に鑑みて、一定の区切りまでマイクロ化を行うのが適当な資料、及び、外部機関との関係においてマイクロ化が必要とされる資料等についてマイクロ化を行う。

1．国内刊行新聞（54タイトル）

2．旧函架等大型本（約6,000コマ）

3．ＮＤＣＺ（1945年～1966年刊行和雑誌）（約36万コマ）

4．他機関所蔵マイクロ新聞（平成20年度末現在115タイトル）

5．大正・昭和期刊行寄贈新聞の未整理分及び欠号補充分（約1万5,000コマ）。

4　東京都立図書館 資料保存ガイドライン

（東京都立図書館ホームページより）

平成22年7月29日（22中図サ資第66号）

1　目的

本ガイドラインは、東京都立図書館運営方針（13中管企第343号）（以下「図書館運営方針」という。）及び東京都立図書館資料保存方針（14中管企第93号）に基づき、将来にわたる利用のため、図書館資料の長期的保存を図る具体的な指針を定めることを目的とする。

2　資料保存の考え方

(1) 図書館資料を現在及び将来の利用に供するために、資料保存にあたっては、資料の状態、資料的価値、利用状況等を判断した上で、最適な保存措置を取る。

(2) 資料群ごとの保存特性にあった、保存と利用の環境整備に努める。

(3) 資料の劣化や損傷を予防するために適切な保護を行う。

(4) 劣化や損傷した資料は、利用のために保護や修理等を行う。

(5) 文化遺産として後世に残すべき資料は、原則として原形保存とする。

(6) 資料の状態、資料的価値、利用状況、刊行状況等に応じて、媒体変換などにより適切に代替保存を行う。

(7) 資料の劣化や損傷が進んで、特別な配慮が必要なときは、必要最小限の利用制限を行う。

(8) 都立図書館は、質の高い保存・修理技術を向上・継承させるとともに、都内公立図書館等に支援を行うなどして、資料保存の技術・情報センター的役割を担う。

3　資料保存の具体的対策

(1) 資料保存計画の策定

図書館運営方針の具体的方針13 で規定された「図書館資料は、原則として１資料１点を収集し、将来にわたる利用のため長期的保存を図る」ため、資料保存計画を年次で策定し、保存の取組を推進する。

(2) 環境の整備

ア　書庫内の温度・湿度

イ　光・照明（紫外線対策）

ウ　塵埃・虫害防止

(3) 保護対策

ア　保存容器による劣化対策

イ　事前製本、新聞縮刷版製本、合冊製本等

ウ　酸性紙

(4) 修理

(5) 代替保存

媒体を他のものに移し替える資料の代替化は、収蔵対策、原資料の保護、劣化や損傷の激しい資料の内容保存、利用の促進等を目的として行う。

既に特別文庫資料など貴重資料については、マイクロ化・電子化等を、一部の新聞は市販のマイクロフィルムを購入しているが、代替化の目的、費用対効果、保存コスト、媒体の信頼性、著作権、現物保存の必要性などを総合的に検討して、複製本作製、マイクロ化、電子化などの代替化を図る。

(6) 利用の制限

資料を長く後世に伝えるため、資料の価値、劣化や損傷の程度を考慮して、特別の配慮が必要なときは、必要最小限の利用制限を行う。

(7) 普及・啓発、体制

現在、図書館資料の修理作業を自館内で実施できるのは国立国会図書館と都立図書館のみである。全国的にも都立図書館の修理技術レベルは高度であり、都内区市町村立図書館等への支援も求められているため、積極的に資料保存に関する知識・技術について指導、助言、研修、広報をしていく。

また、近世、近代、戦前までの資料も数多く所蔵している当館の蔵書事情から、資料保存に関する高度な専門的知識・技術とその継承が求められており、資料保存体制の整備を図る。

4　その他

図書館で提供する資料は、時代の変遷により多様化してきており、今後も技術の進展により様々な媒体が登場することが予測される。都立図書館は、こうした社会情勢の変化を踏まえながら、図書館運営方針等に基づき適切に資料を管理し、必要な保存対策を講じていく。

附則

このガイドラインは、平成22年８月１日から施行する。

5　文献紹介「図書館の無料利用についての議論　―国立国会図書館　雑誌記事索引から国内図書館のことを中心に―」

1　いまこそ生かそう「私たちの図書館宣言」を―「無料原則」の在り方を示す公立図書館／佐々木順二　図書館雑誌. 103(12)［2009. 12］

2　公共図書館はなぜ無料なのか/山重 壮一　みんなの図書館.（通号368)［2007. 12］

3　公共図書館における有料データベースの導入について／藤間真；志保田務；西岡 清統　図書館界. 59(2)［2007. 7］

4　図書館の無料原則は守られているか―図書館の相互貸借からみる無料原則／細井 正人　みんなの図書館.（通号359)［2007. 3］

5　公共図書館はなぜ無料なのか（特集 学びの公共性と「受益者負担」)／山重壮一　月刊社会教育. 45(10)［2001. 10］

6　図書館経営と無料原則―とくにネットワーク情報資源の扱いをめぐって／宮沢厚雄　桜花学園大学研究紀要. (4)［2001］

7　無料原則を考える―図書館法第17条と公立図書館/前田章夫　図書館界. 52(2)［2000. 07］

8　有料制論議をめぐって/岸本岳文　図書館界. 51(5)［2000. 01］

9　図書館サービスの公共性と経済性―図書館法改正をめぐって／宮沢厚雄　桜花学園大学研究紀要. (3)［2000］

10　図書館法第17条（無料制）の意義と解釈―図書館専門委員会報告批判（糸賀〔雅児〕提言に応える)／山口源治郎　図書館界. 51(4)［1999. 11］

11　特別研究例会報告 地域電子図書館構想と〈無料原則〉のゆくえ　図書館界. 51(4)［1999. 11］

12　無料原則は図書館の魂―誰のための図書館？どこへ行く図書館？／明石浩　こどもの図書館. 46(7)［1999. 07］

13　公共図書館の情報化をすすめるために／本多光明　図書館雑誌. 93(2)［1999. 02］

14　公権的解釈の範囲を逸脱・乱用―図書館法第17条についての専門委員会報告／佐々木順二　図書館雑誌. 93(2)［1999. 02］

15　小規模図書館でのインターネット利用と有料化について―八ヶ岳大泉図書館の実践／中沢徹也　図書館雑誌. 93(2)［1999. 02］

16　地域電子図書館構想と無料原則のゆくえ／糸賀雅児　関東地区公共図書館協議会研究集会報告書.（通号1999年度)［1999］

17　図書館専門委員会「報告」の趣旨と〈無料原則〉／糸賀雅児　図書館雑誌．92（12）［1998．12］
18　公立図書館の無料公開を守るために／佐々木順二　みんなの図書館．（通号260）［1998．12］
19　図書館無料の原則はどう守られるのか／西野一夫　みんなの図書館．（通号260）［1998．12］
20　卑しい図書館になってはいけない／河田隆　みんなの図書館．（通号260）［1998．12］
21　資料 公立図書館の無料原則についての見解／日本図書館協会　図書館雑誌．92(9)［1998．09］
22　図書館も有料になるの！／服部裕太　月刊社会教育．42(9)［1998．09］
23　電子図書館とサービス有料化のゆくえ／大原寿人　月刊社会教育．42(9)［1998．09］
24　図書館利用の無料原則についての覚書／酒井信　館灯．（通号37）［1998］
25　電子図書館における図書館サービスの有償化について―中小規模大学図書館を事例として／宮沢厚雄　桜花学園大学研究紀要．（通号1）［1998］
26　コンメンタール図書館法―10―公立図書館の無料制―上―日本の場合／森耕一　図書館雑誌．84(4)［1990．04］
27　図書館サービスと有料制―1～4―有料制論議台頭の背景／川崎良孝　図書館界．35(5)～36(4)［1984．1～11］
28　有料？無料？―図書館の将来と費用負担／小泉徹；柳与志夫　現代の図書館．21(4)［1983．12］
29　公共図書館の入館無料の近代的原則について／蒲池正夫　図書館学．（通号13）［1968．08．00］
30　公立図書館における「無料の原則」／岸本岳文著（『新図書館法と現代の図書館』塩見昇、山口源治郎編著　日本図書館協会、2009．12）
31　公立図書館の「無料原則」を考える（第12回東京の図書館を考える交流集会・講演　2009．11．15）／塩見昇著（東京の図書館をもっとよくする会　2010．5）

6　転載　「図書館雑誌」(2011. 6)

特集★電子書籍と電子図書館

本と図書館の電子化を歴史から考える

津野海太郎

まず，すこしまえの「電子本元年」さわぎについて。

昨2010年，アマゾンの「キンドル」やアップルの「iPad」といった新しい読書装置（電子本リーダー）が日本に上陸し，「いよいよ電子本の時代だ，こんどこそ紙の本は本当に消えてしまうだろう」と新聞や週刊誌がセンセーショナルに書きたてて，出版関係者やIT産業の人びとがいっせいに浮足だった。一般読者や，もしかしたら図書館人の多くもそうだったんじゃないかな。

でも，はたしてあれを「電子本元年」といってしまっていいのだろうか。私個人についていえば，

「ウソだろう，そんなの」

と反射的に感じていました。

電子本は，長く見ればすでに四十年，短く見ても二十年の歴史をもっている。1970年代はじめには，「文字や数字などの記号を画面に表示できる以上，コンピュータもある種の本になりうるのではないか」というアイディアが生まれ，その着想を現実化するための技術も二十世紀末までには一応できあがっていた。ただ一点，そのアイディアや技術を一つの商品にまとめあげることだけができなかったんです。そのため，この二十年間に日本でもアメリカでも，NECの「デジタルブック」（1993年）から，マイクロソフトの「マイクロソフト・リーダー」（1999年）をへてソニーの「リブリエ」（2004年）にいたるまで，いくつもの電子本リーダーが発売され，「これからは電子本の時代だ。あと十年もたてば紙の本は消えてなくなる」という大騒ぎを繰りかえしては，そのつど泡のように消えていった。

ところが，その状況が二十一世紀のゼロ年代に一変します。その点ではアップルのiTunesとiTunesストア（2003年）のはたした役割が大きい。おかげで，それまでは売る方法が皆目わからなかったデジタルデータを大量に売りさばく流通システムが定着し，音楽や映像だけでなく，売れないはずの電子本までが売れはじめて，いまはまだアメリカ合衆国にかぎられますが，電子本が大きなビジネスとして成立しそうな見通しが生まれてきた。ジャーナリズムがいう「電子本元年」とは，じつはそのことをさしている。したがって本当は「電子本元年」ではなく「電子本ビジネス元年」というべきだったんです。

――と，そんなふうに書くと，なぜおまえはそんなくだくだしい区別にこだわるのか，と不審に思う方もいるでしょう。

でも電子本とその産業化やビジネス化とは，やはり別のことなんですよ。電子本の出現は，いってみれば文明史レベルでの大事件だが，いかに重要ではあっても産業化はその一面にすぎない。そのちがいを曖昧なままにしておくと，電子本をビジネスの道具（商品）としてしか考えない傾向が定着してしまいかねない。現に昨年の大さわぎのなかでは，それなりの見識をもっているはずのジャーナリストや知識人までが，「紙の本はいず

れ電子本によって駆逐されるんじゃないか」と，まるで根拠のない危機感を大まじめに垂れ流していた。「早くそうなったほうがいい」と息まく人さえいた。困るよなあ。頭を冷やして考えれば，そんなことが起こるわけないことぐらい，だれにだってわかるはずなのに。

もちろんビジネスは重要なんです。そのことは紙の本（活字本）の歴史をみれば明白です。十五世紀なかば，グーテンベルクが鉛合金活字による印刷術を発明した。印刷とはなにか。「同一コピーの多数同時生産」ですね。それ以前の本は，人間が一冊一冊，手で書き写していた。しかしグーテンベルク革命以後，いちどに数百冊，数千冊の本が生産できるようになって，著者，出版者，印刷業者，書店主などとその家族が，それで生計をたてることが可能になった。つまり本がれっきとした商品になったわけです。商品となることによって，ようやく本が現在あるような本になったといってもいい。

本の商品化すなわち出版の産業化です。その後，十八世紀後半にはじまる産業革命によって本の高速大量生産が可能になり，そのいきおいが二十世紀にいたって頂点（本の大衆市場の成熟）に達する。これはかならずしも私の個人的な見解ではない。1950年代のフランスで，リュシアン・フェーブルとアンリ＝ジャン・マルタンというふたりの学者が『書物の出現』という本でそう主張し，そこから「書物史」という新しい学問のジャンルがそだってゆく。その書物史研究が時間をかけて詳細につめてきた歴史的事実なんです。

新しい印刷技術と出版産業の成立や発展とのあいだには最初から深く密接な関係が成立していた。印刷本がそうだった以上，電子本もこのさき「利潤の追求」を強力なエンジンとして急速に産業化されていく可能性はきわめて大きい。私もそう思います。

にもかかわらず，さきほど私は「電子本とその産業化とは別のことなのだ」とのべました。なぜか。出版産業化によって歴史上かつてないほどの大量の本が送りだされ，十九世紀末から二十世紀にかけて，それまで一部の人びとだけのものだった読書習慣が社会のあらゆる階層に一気にひろがっていった。たしかにそれは事実なのだが，じつはこの「商品化」プロセスに並行して，もう一つ，「本の非商品化」ともいうべき逆方向の動きが同時に推進されていた。そのことを忘れてしまうわけにはいかないと考えるからです。

いいかえれば，本の「商品」化がすすむにつれて，本がもつもう一つの面，つまり，だれもがおなじ条件で利用できる「公共資産」としての面がいやおうなしに浮かび上がってきた。たとえば商品としての本にはかならず値段がついていますよね。しかし，読みたい本，読まねばならない本のすべてを，いちいちお金をだして買わなければならないとしたらどうなるか。おそらく，われわれの娯楽や教養や研究や調査といった日常の知的活動は，そうとう悲惨なものになってしまうでしょう。その結果，社会の質が落ち，それにつれて本の売れ行きも低下し，産業としての出版をささえる基盤が弱体化してしまう。

では，そうならないためにはどうすればいいのだろう。

そこで生まれた工夫が公共的な図書館システムです。だからこそ著者も出版社もじぶんたちが苦労してつくった本（商品としての本）を，図書館にかぎってタダで利用すること（非商品化）をみとめざるをえない。著者や出版社が権利の一部を放棄する。それとひきかえに公共図書館の側は，売れなくなればたちまち廃棄されてしまう「商品としての本」を，人びとの「共有資産」として半永久的に保存しつづける義務を負うわけです。そのようなしかたで，出版産業と公共図書館とが表と裏から協力して二十世紀という「本の黄金時代」を支える構造ができあがった。

だとすれば，電子本の場合はどうなるのか。いまもいったように，印刷本の歴史は本の「商品化」とその「非商品化」という二つのプロセスを並行して推しすすめてきた。だとすれば電子本もビジネスと反ビジネスの共存という逆説的な構造をうけいれざるをえなくなるんじゃないか。いや，むしろそうなってくれなければ困るんです。

この点で興味ぶかいのが「グーグル・ブックサーチ」計画です。2005年，グーグル社が，これまで人類が蓄積してきたすべての本（一億点以上という説もある）を片っ端から電子化し，それを全世界の人びとに順次公開してゆくという巨大プロジェクトを打ち上げた。この段階での同社は「いままでは図書館が担ってきた責任をこれからはわれわれがひきつぐぞ，分担するぞ」と考えていたようです。となれば必然的に無料公開ということになる。アレクサンドリア図書館以来の「全世界図書館」という夢の実現。そう考えて私は大いに興奮した。そんな記憶があります。

でも残念ながら現実はそのようには進行しませんでした。グーグル社が，かれらの電子本データベースに著作権がまだ生きている市場本を加え，それへのアクセス権を有料で販売することにしたからです。そのことでかれらは，電子本を「公共資産」ではなく「商品」としてあつかうという態度を鮮明にした。そのためアメリカの作家ギルドや出版社団体が著作権侵害を理由に集団訴訟をおこし，いろいろあったすえに，昨年，いちおうの和解にたどりついた——。

ところが，この3月22日，ブルックリン連邦裁判所のデニー・チン判事が，双方が共同で作成した修正和解案（アクセス権ビジネスの上がりをグーグルが37%，作家や出版社が63%の割合で分配する）を，「これではグーグル側が有利になりすぎて公正さを欠く」という理由でしりぞけてしまった。ようするに，グーグルのデータベースは法的には電子本の「商品化」ではなく「非商品化」の側での事業とみなす，という判定をくだしたわけです。この判決には，商品化や産業化の見通しがついたというだけでは「電子本元年」とはいえない，という私の考え方に通じるものがあると思う。

「非商品化」を単純化していってしまえば，だれもがすべての本を「いつどこにいても」タダで利用できるという図書館の無料原則をつらぬく，という意味になります。この原則を英米を先頭とする近代の公共図書館運動は長い時間をかけてかちとった。だとすれば図書館は，いま進行しつつある電子本革命にたいしても，まずはこの原則を正面に据えて対処すべきでしょうね。「そうしないかぎり印刷本産業とおなじく，ビジネスとしての電子本産業の健全な発展があぶなくなりますよ」と，へんに日和ることなく堂々と主張したほうがいい。

では電子本を「商品」という枠のそとで，人類が共有する「知的公共資産」として成立させるにはどうすればいいのか。最近，国立国会図書館が絶版本を画像化して公共図書館に配信する計画を提示した。一歩前進であるのは事実ですが，ただ，このところの国会図書館による電子化計画は技術と妥協がめだち，一向に堂々たる感じがしない。乱暴にいってしまえば，ちょっとせこい感じがする。そこが物足りない。

そこで私の勝手な希望をいわせてもらえば，まずは日本の公共図書館や研究図書館，そして日本図書館協会が，全世界規模での公共電子図書館への参加を前提にした説得力のあるビジョンをつよく打ちだしてほしいと思う。もちろん従来の図書館組織の外にいる「青空文庫」や「SaveMLAK」の方々でもいいんです。その方向では，すでにハーバード大学図書館館長でもある書物史家のロバート・ダーントン氏が，「ユーロピアーナ」という汎ヨーロッパ的な電子図書館計画や，アメリカの「ナレッジ・コモンズ」や「インターネット・アーカイブ」などの大規模な電子本データ

ベースの実践に触れながら，電子版「ニューヨーク・タイムズ」その他で積極的な発言をつづけています（くわしくは最近，ウェブ雑誌「マガジン航」に「揺れる東京でダーントンのグーグル批判を読む」と題する紹介文を書きましたので，そちらを参照してください）。

で，最後にひとこと。もういちど「いよいよ電子本の時代だ，こんどこそ紙の本は本当に消えてしまうだろう」という感想について。直接の関係者（出版やITがらみの方々）だけでなく，どうやらかなり多くの人（読者や図書館人など）が同じように感じているらしい。でも，これ本当なんですかね。

私の考えはちがうんです。たとえ電子本がわれわれの社会にこの上なくうまく定着したとしても，古い紙の本（印刷本）がなくなることはありえない。私はそう確信しています。

このことは昨年末にだした『電子本をバカにするなかれ』（国書刊行会）所収の「書物史の第三の革命」という文章で詳説しましたので，ここでは簡単にのべるにとどめますが，印刷本にかぎらず，粘土板も竹簡もパピルスや羊皮紙本も，人類が五千年にわたってつきあってきた本は，かたちこそことなれ，どれも物質である点ではなんの変わりもない。対するに電子本は物質ではない。0と1の二進数で保存したデータをコンピュータの画面で人間が読めるかたちに変換して読む。それが電子本です。したがって印刷本と電子本との関係を別のしかたでいえば，「物質の本」と「物質ではない本」との関係ということになる。

印刷本の特質はテキストや画像を紙（物質）の上にインク（物質）でしっかり定着することにあります。とうぜん物質でない電子本に定着によってもたらされる深々した安定感や安心感をもとめてもムダ。他方，印刷本という物質をそのままマルチメディア化してインターネットにのせることはできない。もちろん音声読み上げや拡大表示や全文横断検索や自動翻訳を介した国境をこえた交流も不可能。ようするに印刷本にも電子本にも，それぞれに固有の能力と限界があるということですね。

かつて十五世紀のヨーロッパでグーテンベルク革命によって写本が一掃された。あるいは明治のはじめ，十九世紀の日本で西欧型の活版印刷術の導入によって前代の木版本が消えた。

写本と印刷本にせよ，木版本と活版本にせよ，もともと同じ「物質の本」内部でのイノベーションなので，低次の技術からより高度な技術へと「代替わり」がなされたわけです。でも，こんどの「革命」はちがう。印刷本にできて電子本にできないことがある以上，印刷本を電子本によって全面的におきかえることはできない。つまり「代替わり」は不可能なんです。電子本の出現によって印刷本が消えることはありえない。そうではなく，書物史上，というよりも人類史上はじめて，本が「物質の本」と「物質ではない本」という二つのしくみ，二つの方向に分かれて，それぞれの道を歩みはじめる。そう考えておくほうが自然なんじゃないですか。その分岐点の光景を，いま私たちはじぶんの目で見ている。

では，そんななかで図書館になにができるのか。やはりビジネスとはちがう図書館の特質（商品として生産される本の非商品化＝公共資産化）を，腰を据えて，はっきり主張しつづけるしかない。そのために新しい電子ネットワーク技術を出版産業とは別のやり方で使いこなし，近代図書館が獲得した最高の成果ともいうべき「無料原則」にさらに磨きをかけること。そうでないと図書館が図書館でないものになってしまう。結局，そういうことじゃないかと思うんです。

（つの　かいたろう：和光大学名誉教授）

［NDC 9：023　BSH：1. 電子書籍　2. 図書館］